JN437284

창조문학대표시인선 · 260

꽃불

백명자 시집

창조문학사

□ 서문

세 번째 삽에 싹을 틔워

때를 놓친 파종 시기, 이순에 이모작 파종을 시작하기까지 시행착오를 많이 겪었습니다. 그럴 때마다 정면 대결이 불가하여 돌아가야겠다는 생각을 했습니다. 그렇게 돌다보니 아! 하! 이쯤해서 이모작을 하면 흙들이 반겨 줄 것 같았습니다. 초록들 같이 많은 꿈들을 한 포기씩 키워 낼 것 같아서였지요. 평생 스승이신 어머니 훈육을 이모작하는 첫 삽을 뜬 딸……

비로소 자연을 노래하며 세 번째 삽에 싹을 틔워 시집을 냅니다. 왕성하게 푸르도록 저를 이끌어 주신 조남익 교수님, 리헌석 회장님, 홍문표 교수님, 감사합니다. 그늘을 내어줄 수 있는 거목이 되려면 우듬지가 기지개 쭉 펼 수 있도록 성난 바람도 막아주고 목마를 땐 물을 주는 부지런한 이모작은 제 인생의 전환점이었습니다. 읽는 분들에게 이모작을 권고해도 될 만한 시집이라면 더 감사할 일입니다.

2018년. 2월
백명자

꽃불
백명자 시집

| 차 례 |

1. 가을여행

2. 백석사로 가는 길을 물었다

3. 바디 소리

1. 가을 여행

꽃불

저 산을 보라
꽃불로 타 오르는 저 산을
그리움 껴안고 기다리다
온 산이 꽃불로 활활 타고 있다

꺾을 수 없는 꽃이라면
태워서라도 함께하고 싶은
너였기에 불을 질렀나

고백할 기회만 엿 보다
저 물어 가는 이 계절
차곡차곡 쌓아놓은 그리움

석별을 고하는 손에 손잡고
캉캉 춤을 추는 오색치마
차라리 불 질렀다야
나만의 사랑을 위하여

가을

왜 이리 가슴이 저릴까요
왜 이리 눈물이 날까요
어느새
계절은 저 만큼 달아나네요

거기쯤 있을 종점 지켜보다
왜 이리 눈물이 날까요

어차피 가야할 길이라면
숨 가쁘게 달려가지 않아도 가는 것을
이렇듯 한 순간 순간 소중했던 추억
끌어안을 수 없는 시린 마음

만남과 이별 사랑과 미움
인연의 흔적들만 남기고
저 산을 넘어야 하나요

가느다란 실바람에도
자지러지는 저 잎사귀
후드득 떨어지면 검불인 것을

가을 책가방

배움은 끝이 없는 거여
죽기 전에 책가방을 메겠다는 결심
어둔 세상에서 눈을 뜬 *만학도
공부를 하면 시간이 후딱 간다이

조석 간으로 만나면
농사이야기 자식이야기로
꽃을 피우던 어머니들
이제는 공부얘기로 꽃을 피운다.

평생자식 뒷바라지에
청춘을 다 보냈어도
하얀 종이에 그림을 그리 듯
한자 두자 가르쳐 주는 대로 쓰더니

어두웠던 눈꺼풀이
한 겹 두 겹 벗겨질 때마다
주름진 얼굴에
웃음꽃이 환하게 피어난다야

세월이 다 빼앗아가도
머릿속 공부는 빼앗지 못하는 걸
팔순 넘어 든 가을책가방이
점점 가벼워지는 재미에 푹 빠졌다야

* 만학도 : 문맹이신 노년어르신들 한글 지도를 봉사하면서

꽃비의 편지

침묵을 안고
오던 길 뒤돌아보며
먼 길 떠나는 빗줄기

밤새 기왓장 두드린 꽃비
동그란 집 짓다
그림자만 질펀하다

밤새 천 길을 달려온 빗방울
포말로 솟구치다 구겨진 줄기마다
윤회의 사슬 벗어나지 못한 건지

봄비도 못 가져간 추억들
동천에 걸린 달이 가려져
누군가에게 쓰다만 편지
사연이 궁금하다

가을비

후드득 파문 일어
수평선도 밤비에 젖어드는 가을

그리움 하나 삭히기 위해
부딪힘과 굴림이 필요 했던가

강과 바다가 만나
몸을 풀 수만 있다면
부서질지언정 부둥 켜 안고
포말로 솟구치다가
구르는 거다 바다는

어차피 만날 수 없는 그리움
쏴라락 쏵쏵
가을비의 넋두리

너로만 살던 나

한시도 고적한 시간을 보낸 적 없는 내가 무색할 만큼, 무료함을 느껴 본 순간이다. 너무 피곤하면 자연스레 방바닥에 몸을 뉘인다지만 머리가 닿자마자 일어나는 성격이다. 웬일일까? 일어서면 누울 자리를 먼저 생각하는 일상이 됐다. 보이지 않는 무거운 짐을 등에 잔뜩 진 느낌이랄까.

앞다리가 아닌 뒷다리를 뭔가가 방바닥으로 자꾸만 당긴다는 말이 맞을 것 같다. 펄펄 뛰던 다리를 짓누르는 무게감, 훨훨 날던 날개를 어깻죽지로부터 짓누른 세월 앞에 무릎을 꿇는 하루하루가 버겁다. 누운 몸 일으키기가 버겁지만 반복을 게을리 하지 않는다.

남들은 마음이 먼저 지친다는데 몇 번의 시도 끝에 일어서지만 몇 분 못 가서 앉아야 하니 이 또한 문제다. 무릎이 거부하기 때문이다.

어르고 달래기를 몇 번 시도하다 결국 엉덩방아로 착지를 한다. 이런 일이 반복되기를 일상이 된지 8일째 갑자기 가슴 가득 치미는 울컥증이 너를 흔들었다지. 가까스로 중심을 잡고 섰는데 한 걸음을 앞으로 갈 수 없었다고, 다행한 것은 사고를 당해 중증1급 장애인 남편의 전동 스쿠터를 일찍 사용했기에 전동 스쿠터에 온 몸을 의지하고 밖을 나갈 수 있었다니 남편 덕이라 아니할 수 없다.

어느 한 곳 소중하지 않은 것 없는 우리 몸이란 것을 새삼 느꼈다지. 몸의 중심축이 되는 허리가 고장이 나는 줄도 모르고 몸을 부려먹은 너는 용서를 빌 수도 없고 남은 생을 어찌 살꼬! 생각하고 네 몸의 총 지휘역인 머리가 중요하냐. 숨을 조절하는 심혈 계냐.

밖에는 이글거리는 태양, 시원한 바람도 경계를 두지 않지만 네게는 경계를 두고 있잖아. 눕다 일어났다, 팔다리를 폈다 오그리는 것을 반복하다 남은 생을 이렇게 살아야 하나, 섬뜩 불길한 생각이 스치는 순간 너는 나를 발견한 것이다. 이제야 나를 찾아 어떻게 하겠다는 건데. 무료한 늪에 빠진 나를 바로 세우는 건 마음먹기 달렸다는 숙제를 풀기 위해 늦었지만 우선 나를 사랑하기로 했다. 너무 멀리 있던 나를 꼭 붙어 살며 죽기까지 사랑할 거다.

사랑엔 쑥스런 낯가림도 하지 않고 보는 이들로 하여금 남사스러울 만큼 사랑할 거다. 제일 고생한 발을 씻어 용서를 빌 것이고, 바로 보고 바로 살지 못한 눈을 다시 씻어 밝게 할 것이다.

돌아보건대 숱한 날들을 요, 요 주둥이는 얼마나 많은 실수를 했을까, 재갈을 물릴 작정이다.

그리하면 불편했던 귀로 예쁜 소리, 고운 소리 들릴 때 너와는 달라진 나와 사는 거야. 행복이 뭔지를 물어 볼 때까지 세상에 오염된 찌든 때를 다 벗기고 새로 태어난 나를 사랑하며 살 거야.

허리에 효과가 있다는 산야초를 자연인이 보내왔다. 어떻게 나를 알았는지. 너로 살 때에 사내처럼 펄펄 뛰던 것을 산에서 보았다지. 나를 발견한 신기함에 산야초를 보냈다니 숙연해 지는 나는 늘그막에 얼굴이 화끈거림을 처음 느꼈다.

고삐 풀린 망아지 같았던 너를 자연인도 알아보고 혀를 찼으니 나를 안 이상 온유하고 기품 있는 자세로 거듭나야 되겠다. 고상한 차림으로 건강할 때까지 다듬고 고장 난 부분을 수리하기를 게을리 하지 않을 것이다. 우선 묻어두고 산 나를 찾았으니 존재감이 들지만 껍데기만 남은 나를 탄탄한 근육질로 살찌우는 것이 첫 번째인 것 같다. 부단한 노력 없이는 불가능한 일이라 생각하는 이웃이나 가족들의 힘찬 응원에 힘입어 저절로 힘이 솟는다만,

예쁘게 다듬어 놓은 나무들의 손짓이 어른댄다. 나지막이 흙을 향한 초록 치맛자락 펼친 반송의 다소곳함이며, 향나무의 은은한 향이며, 잘 자란 나무라서 주목을 받는 주목나무가

나를 자꾸 들썩인다. 전지사를 불러 전지하는 수업을 받아 곱게 단장해줬으니 어찌 나를 잊으련가 저것들이 눈에 어려도 갈 수가 없다. 전지를 안 해주면 까칠하고 미워질 텐데 저것들 걱정에 얽매인다. 호두나무, 매실나무, 구지뽕나무 다 자식 같은 것들을 돌볼 수 없으니 안타깝다.

사람이 죽고 사는 것도 천명에 달렸다는데 저것들이 살려면 내가 살아나야 될 일이다. 오색 단풍의 손짓도 아련하고, 도라지꽃, 철쭉꽃, 해맑은 목련 아래로 웃고 있는 수선화, 튤립, 원추리가 기다리는 전원으로 가서 함께 어우르고 사랑하며 살 것이다. 울타리 무궁화가 지켜주는 이상 별 탈 없이 나를 기다리기를 바라며 오늘도 치료에 여념이 없는 하루가 즐겁지 않은가

고독

이제 떠날 차비를 서두르는 이 가을
몹쓸 그리움이
먼 산의 불빛처럼 몸부림칠 때
홍시보다 더 붉은 잎 새들이
툭툭 그림자로 지고 있다

아무 댓구도 없을 줄 알았던 이 가을
언제 올지 알 수 없는 바람이
처마 끝에 매달아 놓은
내 생각을 냉큼 물고 어디로 갔을까

새벽을 깨우고 산을 깨우는
우렁찬 수탉 울음소리
뎅그렁 그렁
물고기처럼 깨어있어야 듣는다고

아직 오지 않을
그대 위해 열어두는 창 하나
열두 곡절 벼랑 타다
극지에 당도한 행적 감출까
하얀 눈발이 발 도장을 찍으라 한다

가을 여행

여행은 설렘이다
만남이 있으면 해어짐도 있는 것

고속도로가 원활해지면서
아무도 눈여겨 봐 주지 않는 간이역
아픔을 삭이느라
느리게 달려도 멀어지는 길

누군가 기다릴 것만 같아
부산한 일상 쉼표를 찍고
저 만치 앞서간 시간
되돌릴 방법을 찾아 길을 나선다

거울 앞에서

혼자면서 둘인 척

머리 결결
앞 뒷모습 마주치면 쑥스러운 듯
너털웃음 한바탕

기쁠 때
울고 있는 네 비밀 알 수 없어

내 맘과
다르다고 슬플 때 웃고 있네
난 너를 모르는데 너는 나를 안다고

변명만
늘어놓다 주름만 세고 있는
거울 속 내 반쪽

겨울 산

아무것도 남아있지 않은 황량한 산
하얗게 날 선 바람이
뒤덮인 땅속에도
모의처럼 얼어붙은 수액을 거부한 채
알리바이를 감추고 있네요
머지않아 연분홍빛 화사함을 뽐낼 매화
달콤한 꿀을 머금은 산동백
사모하다 멍이 들지라도
사모하는 건 아름다움이라며
수많은 밤 지새다
쓰다가 찢어버린 구겨진 사연
한 길 모를 깊은 속
열 길 물속에 하소연하듯
한 잎 두 잎 던져보는 선홍꽃잎
그대 향한 열정 식지 않은 채
시려도 표표히 떠 돈답니다

복수 초

후끈한 기척에 깜짝 놀라
잠을 깬 그녀

바깥 동정 살피다
빠끔히 내민 얼굴

눈부신 속 살 드러낼
결혼식 날은 언제인지

면사포 맞춘다는
민들레가 행복해 보인다

언제 봐도 학의 자태
올봄에 목련아씨 결혼식을 할까

키 작은 네게도 이 봄엔
주체할 수 없는 열정
고백할 기회가 오려나……

거미의 꿈

당장 시급한건
한 끼 식사가 우선이다
시작부터 시류를 거스르기는커녕
한달음에 올 수 있는 기변을 잡아채는
본능으로 솟구치는 기승이다

대어를 낚을지 불끈 솟는 욕망
잽싸게 방적돌기 칠까 말까
여덟 개의 낚싯대에 촉수를 세운다

찌가 흔들리는 찰나
시간들을 파도치게 한
고 쬐고만 하루살이
마른침 꼴깍 삼킨 몸부림을 치는가

하루가 가면 그만인 것을
순풍을 호도하는 미풍
마중 중이라지만
간혹 하루살이 때 울음
들려오는 날이면 촉수를 낮춘다지

사생아

바람에 안겨 풋 잠자는
초록이 숨결 내맡긴 생애

저 여리디 여린 것이
비좁은 어둠을 헤집고
사방을 조망하다가
세상 무서운 줄 모르고
성큼 한 발을 내딛는다.

왁자지껄 요란한 세상
쿵쿵거리며 다가오는 발소리에
파르르 떨다가
소스라치게 놀라는 초록이

하루해가 머무는 밤이면
별빛과 함께 떠오를 둥근달을 보며
숨고르기 하다가
가끔은 네 고향을 묻는다

촉촉이 내려앉는
이슬에 몸을 씻어
목숨 하나 지켜낸 초록이

산책 나온 내 발길을 붙들고
제 고향을 묻는다

굴피 집에서

얼어붙은 가슴팍 밀고 들어오는
멍든 자국 떨쳐내는 궤적
그늘이 싫어 해를 닮아가다
빗물의 체위를 잊은 지 오래다

알 수 없는 표정으로 둥근
탯줄이 잘려 푸르게 곪아 가는 굴피 집

켜켜이 쌓아둔 미움 한 덩이
어지러운 육체로 구르는 언어를 비워둔 채
반달을 품고 하늘 긁어대는 소리

하얀 메모지 가득 메워도
구겨지고 얼룩져
뱉어놓은 구멍들이
알 수 없는 표정으로 둥근다

힘겹게 싸웠던 빛의 껍질들
눈먼 나무들이 수런거리는
볼거리 많은 봄이라고
쭈뼛쭈뼛 기지개를 켜지만
아직은 설꽃이 한 창이고

길을 찾는 기도

까마득 외진 길
무지의 껍질 벗기 위해
수시로 흔드는 바람

긴긴 해 사월
햇빛 한 줌 기다린 절실한 기도
땅 속에서도
반짝반짝 별이 솟듯
오월이 오고
도란도란 이야기꽃 피우는 밤하늘

오래도록 푸른 잔치 집
사방으로 소망하나씩
걸어 두고 밝게 웃는 얼굴들
늘 오월같이 푸르게 오롯한 빛을 품고
길속에서 길을 찾는 꿈을 꾼다

구멍

혼자 뜨는 검은 별
손가락질 받지 않는
황홀한 빛을 꿰어볼까

거칠고 메말라서
비명도 못 지르는 극지탐사
보고 싶지 않은 너의 얼굴은
지상의 궁벽을 허물 뿐

모래알 같이 쥐면 쥘수록
빠져나가는 씁쓸한 작전
인멸하는 미세사로
비밀의 요새 뚫다
한 길음 물러서는 베일에 감춘 비사다

큰 발자국 소리도
송곳질하는 밤비도
혼자 뜨는 검은 별 요새
어쩌지 못하고 변명만 늘어놓다
흔적만 남긴 반질반질한 입구

대숲에서

한 방울의 이슬
대숲의 사운사운 답하는 소리가
풀꽃의 눈을 틔게 한 꽃비

바람이 도사리고 있어
깊이 잠들지 못하는
유목민 같은 나 역시
절망 머리 풀고
설움을 쪼아낼 일이나

드센 바람 불어
목숨을 송두리째 흔들어도
비워낸 마디마다
뿌리부터 곧은 심기
아무나 기대한건 실수가 아니던가

어디 쯤 오고 있을 눈발
바위 틈새에 끼어놓아도
못 당할 억센 바람

잠깐 휘어졌을 뿐이라고
아마 그대는 모를 일이다
혼절하는 온 몸

한 방울로 쓰는 자서전

저 영롱한 수정체
한 방울
덜 채워진 그릇 여과물이 아니다

적요를 깨는 삼라만상
옥류수 한 방울
모나거나 흔들림 없는 결정체

이슬 되어 떨어질지언정
혼탁한 세상에 휩쓸릴 탁류는
더 더욱 아니다

그러나
살면서 끝없이 파도가 밀려올 때면
뒷걸음질 치면서
오대양 육대주를 건너기도 했다

양 어깨를 빛낸 후광
끝내 어둠이 삼켜버린 한 방울
수인 번호 503호실

배롱나무

열렬한 기도 백여 일 하더니
그 정성 어쩌지 못해
몇 섬의 이슬 고여야만
앙증맞은 꽃망울 붉게 피울까

연민의 증오도 없이
농염한 꽃불이 무욕의 알몸으로
자잘한 웃음을 웃는 팔월염천

석 달 열흘 피고 지는 열정
천자(天子)가 붙여준 이름 때문에
함부로 다가갈 수도 없는 자미성

붉은 떼울음 울고 나면
골격만 남아서라도
사랑 하고 싶은 배롱나무여

산 동백

흰 구름 놀다간 자리
선잠 깨어 하품 짓는 봉우리 꺾으려
금병산 기슭 긴 밤 뚫고 오신 그대

설산의 질투에
요절한 동백의 신혈
아직도 뛰고 있을 저 붉은 심장
어쩌지 못하고 너털웃음만 웃던 그 날

소나기

얼마쯤 하강해야 저 기분 풀리려나
바늘로 찔러보고 송곳 벼리기를
며칠째
끝내 분풀이하듯
후리치는 장대비
동그란 집 설계 망쳐도 좋다하며
대침을 못질하듯 억수로 퍼 부니
심상치 않은 분위기
여기저기 토사 난리다

가을비
그 많은 사연 물어 그 많은 편지 쓰다
마지막 엽서 한 장 남긴 채 어디론가
그 많은 그리움 안고
추적추적 떠난나

도마 위의 지구본

– 양파

두루뭉술해도
톡 쏘는 매력에 끌렸다

오늘은 꼭 고백할 거지
단단히 벼르고 다가갔다가
눈물 한 방울 찔끔 떨궈도
너를 짝사랑했다

아무도 엿볼 수 없는 풍만한 가슴
터질 것 같아 겹겹이 여민 옷섶
푹푹 끓이고 볶는데 급급해도

해맑은 웃음으로 반기는 너
세계 여행할 생각은 해 보았냐는 거지
삼백 육십 오 일을 돌아야 일 년
지구본이 바로 나라니까

도는 동안 나를 찡하게 감동시킨 너
조리할 때마다 아릿함으로
이미 세상사를 알고 있었던 게지

돌고 도는 둥근 세상
못 가본 세상사 돌아 볼 차비나 챙기라네

똥파리

한번 후려치면
죽을 몸 아끼지 않는
목숨이 파리라 했겠다

구린 데만 있으면 수만리라도
단 숨의 행보로 부지런 떠는
똥파리 따를 자 뉘 있겠나

비록 똥파리일지라도
제 구실 똑똑히 해내는데
무시했다봐라

신분에 맞게 살자는 다짐이나
돈만 보고 달려드는 속물들이나
행운 찾는 요행수는 일반이더라

제 명대로 못 살고
죽고 사는 건
어디 파리뿐이더나

2. 백석사로 가는 길을 물었다

아직도 수업 중

책갈피에 꽂힌 일기장
달랑 초록 옷 한 벌
갈아입힌 사유
고희 문턱 넘어 푸는 자율 학습시간이다

풀피리 불며 구워 먹던 풋보리
엇박자 내는 소리
교정하는 작업을 하는 거다

색동저고리 다홍치마 안 입고
한뎃잠을 자도 우듬지까지
홍등 켜든 홍시에 대하여
수업은 아직도 진행 중이다

새하얀 들녘에 모음 자음 잇댄 문자들
낱알 떨어뜨린 이유를 알았다는 듯
철새들 끼리 통하는 언어
구사를 언제 써 놓았는지

금강을 낸 발섭

물길을 내는 건 산이다 경상도 강원도 산의 맥을 이루는 태백산맥에서 갈라져 남서 방향으로 뻗어 충청도 전라도로 뻗는다 준험한 소백산 물길이 제주도를 건너보고 뛸 듯이 급히 달려 충청도 전라도에 우뚝 또 한 번 우뚝 솟구친다 지리산 산협 문 받아 장수 진한 무주로 역류 영동근처에서 청주를 바라보다 조치원을 지나야 비로소 오래 찾던 남쪽 원정길에 닫는다 어렵사리 합수친 물은 공주를 끼고 계룡산을 바라본다 부여를 한 바퀴 휘돌곤 단숨에 놀뫼 강경까지 이름하여 백마강이란 부여에 둥지를 튼다 풍월도 좋거니와 그 맑기가 민 낯의 처녀같이 고와 백제의 흥망자취로 유유하다 공주 곰나루부터 시작된 한가로운 백마강의 맑은 기운이 이름난 강경으로 나들이를 하건만 장꾼들의 흥정하는 소리와 생선비린내에 수변의 꿈이 깨진다 하기야 평야지대라 가끔은 홍수로 휘둘러 마침내 황해바다에 깨어진 꿈을 탁류 째 쏟아버리면 강은 남쪽언덕으로 올라앉는다 남쪽이야기는 군산 항구부터 실마리가 풀린다 아직 제주도까지는 아득히 먼 길 같으나 물은 쉼 없이 흐르기에 낙동강에 합수하면 태평양 원정길에 나설게다

금동대향로

승천할 기상
백제금동대향로 기상을 보아라

번뜩이는 용트림
천오백년 백제역사
뉴욕타임스에서
진한 향훈 품어내는
백제의 위용을
유네스코 세계의 문화유산등제를……

백년이 가고 천년이 간다해도
백제의 꼿꼿한 강심
출렁이고 출렁이는 백마강에 떠도는가

이천십칠년 오월 사비문학 연꽃축제
백명자 짓고 쓰다

백마강

천오백년 흐르던 자취
어제 일처럼 들려주는
고유의 향연 찾아가는 길이다

오랜 세월 감추어진
상처투성이의 숨소리
물살 틈새 꿰뚫어
삶의 무늬 길게 깔고 누웠다

때를 물어 길을 찾던 강
하나의 제국을 만들겠다는 꿈
천상의 소리 다 불러
황산벌 울린 계백장군 호령소리

묵향 섬 입성

파도소리 출렁이는 너울의 격정
뚝 떨어진 고독이
기억의 촉수를 더듬다

언제쯤이면 진솔한 고백을 할까
묵향에 취해 짝사랑하다
마음 풀어내고자
사각 벼루 섬에 입성했다

사방을 둘러 본 즉
저 기개에 묻혀 살 작정이다
묵수를 아우르는 붓 대롱
공명통으로 울릴 때까지
역 입하다 회봉하기를 번복

시름시름 해거름지면
결국 묵향에 혼절한 나를
달빛 섬에 가두는 이 계절

언제나 하늘을 찌를 듯
푸름이 왕성했던 저 나무
끌어당긴 화폭에 붉게 물들어가는
채색을 할까 오색으로

날아오르지 못한 맘 한구석
날개깃 속에 허기의 부리를 박는 외로운 섬
거기 자리 잡은 묵향의 흔적
헤 집는 화이트 붓 터치

꿈꾸는 백제

봄마다 풍악이 멈추고
중생의 억겁이 꽃으로 피어 나는가
가끔은 정림사지주변에서
깨어진 기왓장 조각에 쓰여 있는
백제의 역사를 보았다
천년이 지났어도 계백의 거친 숨소리가
아직도 황산벌 하늘을 휘젓는 듯
부소산에서 낙화암에서 고란사에서
지금도 꿈을 꾼다
낙화암에 몸을 날린 꽃잎처럼
암벽에 붙어 천년 사랑 울고 있는 고란사도
하늘 뜻으로 사람을 다스리던 백제
꽃처럼 떨어진 궁녀들의 넋인가
억겁을 타오르는 왕족의 넋인가
고란사 석간수에 목을 적시는
그 화려한 영화
이 땅에 꽃피운 백제가
모래톱에 시간이 멈춰 이루지 못한
백마강은 여전히 흐르고 봄마다
꽃 이 파리 애환의 그림으로
얼비치는 아롱진 자취를 끌며
두견이 붉은 눈물은 천년을 적시는가

생각 하나가

꽃처럼 피어 활활 타다 가는
그런 아픈 생각 하나 쯤은
다 갖고 있다

서른에 쏟아냈던 가을 달빛과
마흔에 만난 촉촉한 저녁이슬을
지금도 잊을 수가 없다

달빛 산은 높아졌고
이슬 강은 깊어졌다

낮과 밤이 없는 내 가슴에
아픈 생각 하나가
젊은 날 내 생각 하나가
넘을 수 없는 산 건널 수 없는 강
먼 생각 바라보며
여기저기 피어나는 산 꽃 들 꽃
강가에서 늘어지게 우는 새들

아직도 산 녘에 눈발이 날리고
강가에선 비가 내린다

벼랑처럼 떨면서
끈질기게 붙든 생각 하나
먼 산을 넘어 먼 강을 건너
수천의 밤 지나 아침을 맞는
지금이 눈물 나게 아름답다

궁남지 연꽃

한 번은 꼭 가보고 싶던 곳
천만 송이 연꽃이 피어난다는 연꽃 군락지
흔들리는 연잎 사이로 감춰진 속살

풀꽃의 숨결이 궁남지에 노닐며
별 한 줌 저문 강에 부푸는 입소문
어둠은 깊을수록 밝기가 더 한다 했다

한낮 햇살은 한 겹 들춰보다
어둠을 뚫고 발돋움하는
노랑어리연꽃을 응시

아직 피어나지 않은
물기어린 봉오리 신묘함
온갖 고뇌 어쩌지 못하는 사연
발산하는 찰나 보면 볼수록 내 마음도
천만송이로 피어난다

촛불

그냥 비워두면
허황된 욕구가 번뜩이는 밤 나약한
증오와 욕망이 분출할 시간 한줌의 재로 남을
허무한 몸뚱이 홀로이 사르다 껍데기만 남은 가슴 하얀
메모지 가득 메워도 얼룩지지 않는 눈물 구겨지다 남은
미움 한 덩이 한 방울 한 방울 하얗게 타는 눈물
긴긴 겨울 제 몸 소진하는 냉기를 후광으로
데워도 데워지지 않는 가슴 한 번쯤
눈 돌릴 만도 한데 그냥
비워둔 채 여명은
눈 뜨네

백석사로 가는 길

휘어진 가지들이
살 가운 하늬바람으로
춘곤증을 부채질하는 한낮

서슬 퍼런 죽비의 호령
탁! 탁! 탁
내리쳐도 갈 길 바쁜 걸음
붙들어 진득하게 내려앉힌다

조선시대 시명 떨친
삼당시인(三唐詩人)* 버금가는
명시 한 수 건지려고
백석 사에 오르기까지
백암 사를 거쳐
칠보산 중턱에 까지 수년을 돌다

양반가 집성촌
이달의 만난가 버금가는
시한 수 읊어 올리려
퍼렇게 멍 들어도
죽비에 내맡긴 몸

지금 막 잠에서 깨어난 바람이
수런거리는 상것들을 쉬- 쉬이잇!
죽비로 다스리는 백석사에 들였다

* 삼당시인 : 조선시대 시명을 떨친 백광훈, 최경창, 이달

양파

한 줌의 흙에 누워
달 같은 꿈을 꾸었다

살 시린 세월 지나
누군가에게 얽매어
겹겹이 생채기 낼 때마다
알싸한 매운 향의 저항에도
떨어지는 진주의
꿈은 조각나지 않았다.

내 안에 깊숙이 스며든
하얀 마음은 아직도
고결한 꿈을 꾸고 있다.

흙디미 짓눌러도
하얀 마음
달 같은 꿈을 꾼다.
눈을 떠보니 아지랑이 따라
어서 나오라고 손짓하는 고사리

초록이

울도 담도 없는 나의 놀이터 너는 가꾸어지지 않은 흙이다 작은 꽃씨 하나 그곳에 숨어 입을 여는 초록이 흐드러진 더위에도 살아남은 파란 그림자의 양지 초록이 손이 닿지 않는 곳에 네가 서 있다 나 말고 가고 싶은 꽃길 살피는 씨줄 날줄이 엮여 네 몸에 기댄 너의 열매는 그림자의 색이다 풍성하게 뒤덮는 초록바람이 지날 때마다 어떤 단어를 먹고 자랄까 꽃씨 하나 그리워 동그랗게 밤을 키운다 콩알만 한 꿈을 품고 있는 나는 아프다 파란 그늘에 심어진 동그란 밤이 머무는 놀이터 초록이는 매일같이 나보다 훨씬 넓은 가슴으로 품어 안는 이유를 달지 않는다 그림자가 남기고 간 양지에 푸르른 혓바늘이 돋는다

명자 꽃

굳게 닫힌 대문
두드렸더니 빗장 열렸다
이 날을 얼마나 기다렸던가
따끈한 위로 적힌 합격통지서였다

수십 년 열독으로 불태웠던 늦깎이 입학생
제대로 된 것 하나 없이
첫걸음 내딛는 계단은 높디높았다

풋내 나는 철부지 아이들 틈에
뻣뻣하게 앉은 모습이
어색하기 그지없지만
평생 간직할 첫 강의 시간이다

흔한 말로 노인 대학이냐
평생 대학이냐
주변의 비아냥대는 소리

호된 질문을 한숨으로 토해내며
학사모 쓰는 날을 생각할 때
구겨진 주름살 펴는 거라고 다독였다

얼굴 붉히며 앙 다문 입술
백지에 한 송이 두 송이
피어나는 향학의 꽃
은은한 향이 강의실을 가득 메운다

백석사로 가는 길을 묻다

백석 시인에게 길을 물었다
맑게 갠 하늘이 던진 화두를 따라 가 보았다
백 번째 이력이 터진 백석사
문객도 길을 물어 온다

때로는
깊이를 알 수 없는 진리
조름에서 못다 헤인 푸른 별 하나

백석사를 짓기 위해
건축 자제를 모으고 터 닦기까지
그 많은 역경을 견딘 세월이 칠십 년

석탑을 마주하자
먼 산자락 걸린 구름도
묵묵히 탑돌이를 한다

하루라도 죽비를 안 맞으면
머리에 가시가 돋쳐 근질거리는지
오늘도 백석사를 단숨에 오른다

죽비로 맞으며 道를 깨우칠 일
맞을 때마다 서러워도 참아야 했다.

그런 날
간절히 바라던 그 모든 것
한 장 한 장 새겨 올린 기왓장
백석사 용마루 비늘로 번뜩인다

명자 꽃에게

이름값 한다며
흙먼지 훌훌 털고
그 먼 한양 길 물어 왔더냐

함빡 웃음 짓다 수줍어 빨개진 볼
청춘이 시작인 너를 보내고
청솔가지 꺾다가
옹이진 손가락 모아
이름값 하라고 빌고 빌었다

아무도 눈여겨보지 않는
붉은 내 심장 박동이
그럭저럭 시들 줄 알았더니
어깨 걸고 팔짱끼면
동명인 우리는
거센 바람도 겁내지 않는다고

들어도 아리송한 유세차 소리
국화꽃 만개한 의사당 기웃대다
명함도 못 내민 채
청와대 울타리만 지켜도
이름값을 한 다더냐

만인이 웃고 반겨줘도
허접스런 시골티는
미소로 함빡 피어났지만
아직도 이름값을 못해
개명할 이름 찾아 한세월 보내는 구나

산책 길

이 길을 혼자 걷노라면
또 하나의 별들이
흙바닥에 쳐 박혀 싹을 틔우다가
서로 팔베개하고
작은 미소를 짓는다

빛을 품고 바람에 흩날리는
들꽃들 노래가 아침햇살에
구르는 은구슬 반기는 찰나

이유 없이 몰아치는 폭풍에
바늘 하나 꽂을 여유 없는
자존심 꺾이면서 존재했는지

때로는 적막이 비늘로 돋아
켜켜이 쌓인 추억을 달랠지라도
차마 다가가기 민망해 망설였던 건지

이 길을 홀로 걷노라면
지나온 내 발자국마다
천개의 별이 내려와 반짝인다

등불 켜듯 꽃수를 놓던
밀어들이 아직도 속삭이고 있는 발자국들

진초록물들이면
잡초도 피해가는 융단 같은 잔디밭
온 들판을 덮을 수 있는 태양 아래
그림자도 예쁘단 말이지

내 고향 금강은

손발이 닿지 않아도 언제부터인지
한 굽이 물길로 빈자리 더듬다
무료한 울음 한 소절로 떠오르는
금강 하구 둑을 걸었다
호남의 정맥 강태동 골짜기
실핏줄처럼 얽힌 금강의 족적
뜬, 봉, 샘에서 시작하여
영호남이 갈리는 발원지인
금강유역을 돌아 서해바다까지
천리 길 여정을 물살 갈피에 꽂아둔 계절
보아도 봐도 또 보고 싶고
가도 가도 또 가고 싶은
충청도 내 고향이다
그서 바라만 보고 서 있어도
한 철 한 철 수를 놓듯
한 잎 떨구면 떨군 만큼
보내면 보내는 만큼
세파에 깎여 패여도 유유히 흐르는 저 강
한바탕 큰물이 밀려와도
뒤집어지는 물살의 갈피에서 노래를 하는 저 강

기쁜 이별

툭 하면 배탈이다 당골네가 쌀 됫박을 거꾸로
쥐고 문지르면 언제 그랬냐는 듯 멀쩡하다 배앓이가
어쩌다 평생당골네 쌀뒤주가 되었는지 여차여차 저차
저차 X-레이와 똑똑한 청진기안내로 기쁜 이별을 했다
소년기에 움츠렸던 날개를 펴고 활주를 하던 차 꿈속
에서 온 세상 문 닫는 적막한 밤 이던가 척추골에 불
시착한 저승사자가 짓누르는 중력을 견디지 못한 내
작은 몸뚱이 진동 걸음 걷다가 넘어지며 십여 년을
뒹굴었다 수영에 철봉에 물구나무서기까지 앉지도
서지도 눕지도 못하게 괴롭힘을 당해도 수술 뿐
도리 없다는 처방이 두려워 명의를 찾아 나선
서울행 말로만 듣던 서울대학병원에 가면
살 것 같은 동경심으로 인척관계도 주변
에서도 시큰둥했던 치료는 통증에서
나를 해방시켰다. 이 세상을 다
얻은 기쁨 자유로운 몸이
되어 날다 날아
올랐다

난타

누구에게나 꽃이고 별이었을
전성기가 있다
가족을 짓는 집
가족이란 온기에 푹 찌고 나면
모양도 각각 색깔도 제각각
집안에 가득 내 인생을 돌려놓은 가을
변화무상한 세상에 집중한 모습이
참 보기에 좋아 추억과 바람을 사각 창에 담는다
온 몸을 짓누른 무거운 걱정을
잠시 털어내고자 궁리 끝에 북채 두개를 든 손
어설프게 시작은 했지만
절망의 끝에서 굳어갈 뻔한 몸이
난타소리에 스트레스를 날려 보내고
신명나는 시간이다
취미를 갖는다는 것
누구나 누릴 수 있는 자유다
동료들과 살 부딪히며 두당 탕 탕
온 몸을 한 바탕 흔들어대면
난타는 내게 있어 세상을 다 얻은
쾌감을 주는 활력소다

목련 앞에서

팔 벌려 대소하던 천수의 곡절마다
하늘 향해 간절한 기구의 봉두난발
성찬식 준비하느라
조아리는 기도를

성경 말씀 통독에 막 눈뜨기 시작한
임의 뜻에 순종 하늘을 화폭 삼아
붓끝을 치올려 피워낸
천사 같은 모습을

어둠마저 말갛게 오수에든 낮달도
가던 길 되돌아온 동장군 막지 못해
무차별 휘두른 칼바람에
뚝 떨어진 낙화여

영면에 들더라도 벽공에 떠서라도
그대 위한 기도를 쉬지 않고 하리다
하늘에 닿을 때까지
다시 만 날 그날까지

폭포의 고백

쪽빛 정갈함 송두리째
흔들어 보지 않고서야
깊이를 알 수 없어

가슴 언저리마다 품었던 응어리
씻으려 곤두박질 쳐 보지 않고서야
그 깊이 알 수 없어

목숨까지 다 내 놓을 만큼
솟구치는 열정
가차 없이 내 던지고서야

비로소
하얗게 부서지는 내 영혼
내려놀만한 가을 강을 만났다

대청 댐 마라톤대회

완주는 혼자 달리는 묘미다
턱까지 차오른 질주
한계점에 다다랐을 때
마음을 비워낸다

모서리 없이 저리 둥글어서
쉼 없이 돌고 도는 지구에게
바람에게 새들에게 물어
이정표가 있어도 갈 수 없는 길

여름 내내 푸른 산이던 청춘
설한에 알몸으로 견디다
노안으로 늙고 싶지 않아도
허리 등 굽어 누운 산이 보이네

고독이 벗이 되는 길
첫 고개 넘을 때 흠뻑 적신 등줄기
둘째고개 넘다가 오던 길 돌아보니
함께한 트레킹들의 헉헉 소리
고희를 넘은 노장 나는 아직도 청춘이다

물 만난 물고기

나이를 초월한 패션
콘셉트를 잡아주는 부츠의 부축임
전혀 다른 사람으로
쇼윈도에 비쳐진 당신은 누구입니까

하이힐에 텐트실루엣 원피스 보랏빛 스카프
꽉 낀 블루진 청바지에 재킷
선글라스 등산모까지 누가 봐도
사오십 대를 능가할 젊은이가 걷고 있다

노년이란 틀에 박혀 시들 뻔했던
패션 감각을 육십이 훨씬 넘어
자신감을 찾은 옷맵시
밥은 먹지 않아도 옷 갈아입는 습관에
촉각을 세우는 워킹 맘

위로 물려받은 옷에 묻혔어도
유전자로 받은 각선미
몸 베 바지 벗어던진
실버 워킹 맘의 하루하루
결핍된 충족 채우려는
옷차림을 늦출 수 없다

나이에 맞는 올 세운 모시옷
모자로 헤어스타일을 바꿔보면
귀족이 바로 자신임을 알 때까지

부풀어 오르는 가슴이 부끄러워
조여 매던 치마조끼
무명속바지의 겹핍된 욕구 충족
바다를 건너다 딸랑 작은 몸뚱이 하나
파도처럼 밀려오는 패션을
소화하는 미의 대식가
젖가슴까지 숨결을 여닫는
은린옥척으로 변해가는 물 만난 고기
바로 나를 두고 한 소리였다니

매미의 부활

몰랐다
점점 톤이 높아져가는
울음을

달아오르는 태양
탐하다 점점 높아져가는
가을이 온다는 것을

울부짖다 사무친 가슴자락
기다림의 연속
구름에 달아놓고
나무 밑 둥에 울음을 묻은 넋

산위에서 골짜기까지
울긋불긋 단풍이 내려오는 가을
성령불이 되게 하소서

사철 푸를 줄만 알았던
내 어깨가 움츠려들더니
옆구리까지 시린 걸 보면

가을이 지나 겨울을 기다려야
새 봄이 오는 것처럼
대숲이 매미 넋을 빌어
대신 울 줄이야

그 밤의 일기

인적 드문 간이역
시커먼 피부를 보면
나이지리아인 같기도 하고
케냐인 같기도 한 이방인

시계는 0시를 알리고
영하로 내려가는 밖의 온도
찬바람이 매서울 것 같아
마음 한 자리를 내어주고 싶은데

손짓 발짓으로도 닿지 않아
내 말은 벽에 부딪쳤다

낯선 두려움이 내려앉는 그에게
이국의 겨울밤이 유난히 길 것 같다

억새

강둑을 거닐었습니다.
하얀 꽃송이 무덕무덕
햇살이고 한껏 반짝이는
잔치를 열고 있습니다

이런 저런 상념에 젖어
줏대 없이 흐느적거리며
강둑에 사는 건 아닙니다.

황홀한 저 꽃길 함께 걷다
서걱대는 칼바람에 사라진
상혼(傷魂)의 그림자 닿을 듯 닿을 듯
가신님 붙잡으려고 찾아 나섭니다

한여름 무성하게 읊었던
사랑의 연가는 아니지만
은빛 출렁이는 황혼이라도
하르르 몸살 앓는 철부지 같습니다

건강이

야옹 야옹 냐아옹
야옹 야옹 냐아옹
우리 집 건강이
내가 들어가면 가만히 있다가
바쁜 척 배회를 한다

반갑다는 건지 애완견이면
아양을 떨며 귀여운 척
애교작전을 펼 텐데
도무지 냉정하다

다만 적막을 깨우는
한 밤의 외침의 의미는 무얼까
대답 없는 메아리만
벽을 넘어 창을 넘어 되돌아올 뿐

야옹 야옹 냐아옹
한 주인을 섬기는 고집이랄까
아무리 쓰담쓰담 귀여워 해주고
맛있는 간식 제공에도 정을 주지 않는다

그런대도 밉지 않은 건 뭐지
다만 한 집에 산다는 생명력일 게다
아들한테만 안아 달라 야옹
품에 안기며 야옹
앞다리로 껴안는 폼이라니

아니꼽지만 어쩌겠냐
나 혼자 부질없는 짝사랑인 걸
팔자치고는 상팔자다 건강이가

고사목

생솔냄새 자욱하게 내려앉는 저녁
저 편 붉은 소나무

온몸 각질이 일어나도록
아린바람 휘 돌아가도
버텨낸 천년세월
저 청청한 숨결 빗질하는 선달

철골조보다 단단한 십일자 근육
긴 목 더 길게 빼고
얄팍한 뼈로나마 가로막는 궤적을 그리며

어쩌겄냐!
시커먼 멍울들 보자기처럼
풀어헤칠 사연 싸매곤
피골이 상접한 턱을 고정해서라도
색다른 조명에 무릎 반 뼘
발밑에 잡힌 얼굴 관망하며 손을 뻗지 않았다
벗겨진 신발을 조명하는 백야

3. 바디 소리

꽃 소식

보글보글 끓는 육수에도 피는
봄 바다 벚꽃이라 불리는 주꾸미

해마다 내어놓는 바다의 선물
통통하게 살 오른 것이
씹히는 맛 또한 죽여주네

마냥 오늘만 같으면 좋으련만
풍성한 봄은 설레게 해 놓고
그렇게 또 갈 차비를 한다

숲길에 봄은 이제 막 피어나는데
올망졸망 앞 다투어 피어난 산수유
마음을 간지럽히는 활짝 핀 수선화

느리게 오는 봄은
느리게 떠난다더니
원 없이 피어난 꽃길
그저 바라만 보아도
탄성이 절로 나는 이른 벚꽃과
봄 바다까지 피어난 왕 벚꽃 주꾸미까지

얄팍얄팍 썬 배 채에
미나리 양파 실파 풋마늘
톡 쏘는 청양고추가루
감칠맛내기는 감식초로 한상 차림
오래도록 함께 하고픈 벗들이여
벗꽃의 이별주에 흠뻑 취한 봄날이여

누름돌

집성촌 촌락 종갓집엔
숨 가쁜 도시와는 달리
예사롭지 않은 세간들이 많다

둥글납작한 것이
대물림으로 쓰이는
모나지도 않고
맵시가 있어 눈길을 끌뿐만 아니라
만지고 싶은 충동을 준다

조모님의 허락 없이 자리 이탈은 물론
만져서도 안 되는 세간을
덥석 들고 나서는 풋내기 손부

며느리라면 불호령이 떨어질 판에
넌지시 누름돌을 건네시는 조모님
몸 둘 곳 모르는 며느리

정짓간에 항아리를 열어 보이시며
나지막이 하신 말씀
두 근 반 세근 반
내려앉은 가슴 다독이다
어머님 깊은 뜻을 깨달았다

그 때는 몰랐습니다
철부지였던 네게 종손부의 지체를
책망보다 자애(慈愛)로 가르쳐주신
어머님의 극진하신 사랑
누름돌뿐만 아니라 물려받은 세간을
보물보다 귀히 아끼며 살고 있는 종손부

어머님 존경합니다, 그리고 사랑합니다.

뿌리 깊은 나무

흠집 없이 늙는 저 나무
지친 사람들에게
쉼터가 될 수 있는 나무였는지
나는 어떤 나무인가

하늘에 건 소망을 알았는지
바람은 친구가 되어
죽은 듯 침묵하는
나를 흔들어 보기도 하고
한여름 불볕더위 견디다 못해 시들한
갈증 풀어주려 소나기 한 줄금
퍼 부어 주기도 했지만

한 점 구름 없이 맑게 갠 하늘 아래
광야 같은 고통을 겪고서야
거목의 자태가 보였다.

한 뼘 남짓한 것이
잡초 속에 묻혀 버둥대며
살겠다고 꿋꿋하게 버텨 낸
옛일 생각날 때마다 조용히 눈을 감는다.

살겠다는 신념만으로
억척스럽게 파고들어
깊이 뿌리를 내린 나무
하늘은 보니라, 보니라,
세상에게 바람과 흙과 햇빛을 내주어
지상에 사는 이들 이롭게 하라시네

낡은 의자

고독이 밀려오는 날이면
벌컥벌컥 정수를 마시다가
누군가의 미소를 본적 있다지

무심결에 튄 침이 의외로 감동이라며
낫은 콧등 당겨보지만
생의 규칙은 벌써 정해진지 몰라

구름에 가렸던 보름달
은빛 언어로 영혼을 노래하는 몽환의 밤

그 날 벗어놓은 신발자국
어둠마저 연인 틈에 끼어 시작된 발작

한계에 틀어지는 낡은 의자의 군상
여명은! 어느새 새벽을 깨우는데

널뛰는 봄

훌쩍 떠나고 싶은 날
봄빛을 풀어 어디에 뒀는지
오랜 시간 지나도
잊을 수 없는 얼굴
저 멀리 고개 내미는 태양을 사고 싶다

성격은 불같지만 흔들리는 눈빛
새로운 나를 찾아
발차기는 번개같이
봄을 수놓는 꽃이고 싶어 몸살을 앓는다

사람이 사람에게 꽃이 될 수 있는
봄빛을 풀어 널뛰는 봄
태양이 저지른
연분홍 꽃술 이야기
도란도란 돗자리에 수를 놓는 꽃방

쉬어 오는 시간만큼
바쁘진 안았는지
지치고 고단할 때 떠나고 싶은
이런 심정인가
상큼한 봄 향기가 널뛰는 봄날에

바느질 하는 봇물

천수답 텃논배미 보에 물 받으려면
늦가을부터 강둑을 동여맸다

남사 싫은 줄도 모르는 벌거벗은 봇물
겨우내 배운 바느질 솜씨로
치마를 만든다는 소식이다

봇물로 주름 잡은 치마저고리가
올 봄엔 유난히 더 곱다는 고향
봇물 위를 찰방거렸던 추억
마치 당신을 뵙는 것 같습니다

그 때는 하도 넓어서 강 같기도 했던
깊은 속이 빤히 보였던 봇물
복숭아꽃도 피었고 내 고운 한복
치마 닮은 잔잔한 주름을 헤며 놀던 곳

예상치 않은 장마철이면
둑 터지는 주름치마
선 듯 막아설 자 뉘였던가!
한 해 농사와 석별을 고하는
눈물 강이기도 했습니다

어쩌면 유리보다 더 맑다는 4월
바느질을 유난히 곱게 하셨던 어머니 솜씨
봄만 되면 배우다 번번이 실수하던 내가
이제는 주름잡는 솜씨가 제법이라고

거울 같은 봇물에 이끌려
그 때처럼 종아리를 담그자마자
아까부터 재촉하던 바람은
담방지게 막 피워야 할 꽃으로 키우셨던
종아리에 주름치마 입혀보려 애쓰지만

완성하지 못한 주름치마
봇물도 인정했을 어머니바느질 솜씨
그 솜씨 흉내라도 내 보려는 어설픈 바느질

치매화가

스물 네 시간을 불안에 떠는 일상
모른 체해도 될 것을
아는 채를 왜 했던가

어디서 본 듯
자꾸만 아는 척해서
인사 한 번 한 것이 인연일 줄이야

반갑지 않은 손님맞이한 후
사랑채 신발 수를 세어 밥을 짓던
그 때가 행복 했던가

자식들 호위를 받아도
혼자 남는 시간은
늘 상 모래주머니 세 개를
들고 다녀야 안심이라니

아무리 아는 체 해도
그 손님맞이하지 않았더라면
되돌릴 수 없는 후회

송이송이 활짝 핀 복사꽃
그리기 숙제를 내면
그때 기억을 살려
아주 풍성하게 그리는데
슬쩍 훼방하는 손님이 얄밉다

자식의 말보다 손님 말에
막무가내 화 부추김은
다행히 이웃 치매 동료를 보면
이심전심 통하는지
확 풀어져 복사꽃을 그리신다

눈앞에 있는 딸도 가물가물하는데
여덟 남매의 얼굴은 숙제를 안내도
잘 그리는 치매화가
반갑지 않은 얄미운 손님
쫓아낼 방법을 찾느라 애쓰는 여덟 남매
몹쓸 것 같으니 하필이면
우리 엄마한테 왔을까

용트림하는 벚나무

먹구름에게 자리를 내주고
저만치 물러앉은 거동이 수상쩍다

실바람도 조심조심
하르르 하르르 지는 꽃잎 보며
지나가다 탄성을 자아내는 사람들
웃는 소리에 견딜 수 없는 용트림으로
수천수만의 꽃 빈을 노닐 다
웃다가 웅성거리다 혼절할까 걱정이다

긴긴 겨울 칼바람 이겨내라고
온 몸을 정성으로 수놓아
천주께 비는 꽃빈 따라
상춘객들도 덩달아 비니
여의주 물고 승천할 날만 기다린 다 나

어쩐지 다르다 했더니
선택받지 않고서야
수천수만 꽃 빈을 거느리는 용트림
불가능한일이라니

저 몸짓 좀 봐
구름이 훼방을 해도
보일 듯 말 듯한
저 거뭇거뭇한 몸매를
수천수만의 꽃빈
수놓은 밤낮이 몇 날 이었겠나
왠지 으스스한 건 뭔 일이여

보릿고개

스치는 바람결도
쉰 듯한 역한 냄새
미끈미끈 했으니
초근목피로 버텨냈던
보릿고개

약속이나 한 것처럼
한 밤중이면 우르릉 쾅
천둥치는 배앓이로 지정된 지 오래다

소나기 피하려면
대피를 해야 하는데
오금이 저려 한 발짝을 못 나선다

그 도 그렇다 쳐도
몽달귀신 달갈귀신이
지킨다는 캄캄한 바깥을
나가자니 죽을 것 같고 어쩌란 말인가
거기다 두엄귀신까지

생각만 해도 지긋지긋한
보릿고개 그 때 놀라서
키 도 못 크고 귀신이 싫다
체력단련 다이어트에 최고래도
보리밥은 절대로 안 먹는 나

몽달귀신도 달걀귀신도 없는데
이젠 괜찮겠지 먹는 날이면
여지없이 천둥치는
보릿고개는 영원한 천둥이다

하늘 집

하늘 집 짓는 바디
명주실 풀어내는 소리

한 가닥의 가벼움
한 가닥의 간절함
한 가닥의 영혼을
한 올 한 올 엮어가는
한 생애의 섬세한 기도 올리신 어머니

멀게 만 느껴졌던 가고픈 맘 접고
바라만 보던 십자가
한 참 길 달려와 여기에 앉아 보니
하루 네댓 시간도 못 견딜 고행으로
느껴지는 절무지 딸

바디 소리도 거들던
삭정이의 팔다리 육체는 하늘하늘
하늘 집 짓는 한 가닥

그 옷 영원을 걸친 채
하늘에만 드리는 한 가닥
한 올의 간절한 기도

양반치레는 그만

뚜껑 닫히지 않는 양은주전자
내면을 들여다 본적 있을 거다

말로 하자니 동네가 시끄러울 거고
속으로만 끓다 드럼 치는 입술
뚜껑열릴 때가 한두 번인가

펄펄 끓다 열리는 뚜껑
정곡을 찌르는 한마디
뚜껑의 본심을 알면
역할을 제대로 할 수 있게끔
내용물도 적당히
온도차도 적당히
조준했더라면
파격적으로 열리는 일은 없을 거다

보아도 못 본 척 들어도 못 들은 척
하는 게 군자라고는 하지만
분노는 악한 감정이 아닌 거다

어지간하면 체면치레 그만하고
양반이 팔 걷어 올리면
뚜껑 열 릴일 없을 거다

구석진 커피향

녹청 빛으로 바래가는 지붕
나무와 기왓장에 점점
세련된 옷을 입혀 주는 손놀림
1년 하고도 6개월째 뒤적인
어른들의 유품을 끌어 모으는 데는
다 이유가 있다

흙과 지푸라기 섞어 지은 집
오가던 정담을 재운 낮은 돌담
깨우고 싶어 만져도 보고 두드려도 본다
오래된 창고는 갓 시집 온 새댁 놀이터다

이야기가 있는 구석진 헛간에는
계산대를 밑거도
한 잔 의 커피를 얹어도
손색이 없을 듯 한 손저울

고택 고정관념을 깨워
구석진 커피향이 나는 커피숍
죽은 배롱나무가지에 간판을 걸면
구경삼아 오신 동네 어른들

"망측해라!
커피숍이 뭐꼬?"
문화유산으로 지정된 고택
따끈한 커피 향에 취하고 말 것 고만

봄의 붓질

산은 산대로 하늘은 하늘대로
따사로운 햇볕과 노닌다

호시탐탐 시샘하는 칼바람
어디를 휘두를는지 날을 세우지만
날밤 세워 개화를 서두는
수천만 번의 붓 터치에
천진한 몸짓이 나풀댄다

여리디 여린 것이 어쩌자고
때 이른 봄나들이를 서둘렀는지
각질 벗기느라 마파람이
휘감은 근육질 움찔대는 소리

화선지 가득 채우려다
언덕에 기대선 채
춘곤증에 푹 빠졌다지

쇠비름

흙탕물에 쓸려가도
명줄을 붙들고 살아남는 생명력

뽑아도 뽑아도 사라지지 않고
마디마다 살아남는 끈질긴
고집에는 분명 그럴만한 사유가 있을 거다

숨이 멈출 듯한 한여름에도
땅값 오른다는 정보는 어디서 들었는지
자존심구기며 납작 엎드려
넓게 넓게 땅만 차지하는 너

쓸모없는 잡초라고 구박할 땐 언제고
몸에 좋다는 소문 들더니
종자까지 말리려 드는 사람들이 얄밉지만
끈질 지게 살아가는
모습을 확실히 보여주는 너

팔이 잘리고 허리가 동강나도
유전자의 번식을 막을 자가 없는
귀한 대접받는 날이 올 줄 알았지

십연의 차

누구나 간직했을 소중한 향로 하나
팔백년 흘렀어도 아름다움이 빼어난
청자상감 향로가 아니라

어느 도공의 헛간에 뒹구는 향로
향불 한 번 못 피운 냉기가
거기서 운다

녹슬어 투박해도
아낌없이 내 줄 수 있는 열기
누구나 간직했을 불씨하나 살리기 위해
녹록치 않은 조급함을 다독인다

진흙에서 한 잎 한 잎
피어올린 꽃잎 맑은 차향
눈에만 담기는 너무 소중한 향기
한 잔의 차 끓여내기 위해
쉼 없는 담금질을 한다

새벽 2시의 특강

– 어머니의 천수를 맞아

어머니 특강시간이다
여행주기가 일정치 않은 여행길
이부자리에 이름 모를 섬들을 그리다가
무인도 섬에 오도카니 앉은 편안한 자세다
일주일코스로 시작되는 여행
내비게이션을 장치할 일도 없다
차량도 걱정할 일 없다
우리나라 지도의 행정구역이나
세계지도를 방안에서도 이력난 솜씨로
그리는 명강의 시간이다
깔끔하시고 자상하셨던 어머니
십년이면 변한다는 강산을
열 번을 넘겨 여행을 즐기는
지도그리기에 심취한 어머니
눈시울이 뜨겁게 치솟아 가슴이 먹먹하다
맛있는 음식만 잘 하시는 줄 알았던 어머니
나를 길러내시며 황금물감으로
내가 그렸던 그림을 기억에서 다 찾아내어
물감이 다른 숲 그림을 그리는 명강의 시간이다
우기가 있는 날이면 숲의 향을
더 진하게 칠할 필요를 아느냐는 질문에
눈물을 삭혀 웃음꽃을 피워드린다

음덕

해마다 오는 봄
맞이할 줄도 모르고
죽은 듯 서 있는 나무

가슴은 배꽃 같아서
순한 하늘 닮아서 순결한 情 가득했건만
흙으로 돌아간 당신들이 모여든 기일 날

암만해도 그 젊음을
돌아 든 세월 앞에 삭발되지 않은 언어로
느릿느릿 안부를 물어 본다

빛들을 모아 어둠을 조명해 놓으면
성리되지 못한 냉각된 사고
시선 밖으로 응시되는 빗방울과 눈송이가
지우려했던 나이테를 복원해 냈다

봄빛에 따끈하게 덥힌 삶
시련이 발효되어
즈믄 상처 싹틔운 삭정이
가슴앓이 다 풀려
생기가 돋아나느라 떨리는 살갗

음덕 기린 새벽에
태문을 열고 나온 장손의 우렁찬 소리
태명지어주신 증조모님 귀가 쫑긋
가문의 영화로다 영화
가슴앓이 다 풀어진 날

삭정이도 살리는 봄이
어찌 곱지 아니하랴
가문은 물론 마을지기까지 큰 나무였어라

바디 소리

하늘은 잿빛입니다
저항한번 못하고 견딘 흔적
명주버선 신겨 드리다
달각달각 소리에 깜짝 놀랐습니다

나무초리에 걸려 수십 번 펄럭여도
찢기지 않는 명주 올
형제지간 터진 실밥 꿰매주느라
발바닥 부럼 나는 줄 모르고
바디질을 하셨습니다

팔도의 소식 기다린 어느 날
105년 묵은
나무초리의 신음소리
오래 살았다 돌아가야 한다고

뇌리에서 가슴에서 떠나지 않는
아프다는 말 한마디
발바닥이 욱신거려도 지긋이
눌러 참아온 당신
그저 당신은
그런 사람인 줄만 알았습니다

체념한 듯 세상 짐 내려놓은 날
옹이진 손 닦아
명주장갑 끼어 드리다가
달각 달가닥 우는 바디소리가 들렸지요

옹이 지도록 못이 박히도록
저항 한 번 못하고 견딘
세월의 흔적 빼드리지 못한 후회
내 가슴에 못이 박혀 아려 웁니다

산방

마지막 절정을 향해
마음을 태우는 나무들이
일제히 퍼레이드를 펴면
경열한 몸부림이 일어나는 숲

그 산방에 가면 어머니를 만나고 온다
바위를 끌어안고
늘 감탄이 넘치는 공간에 서서
스스로의 자리를 옮길 수 없는 저 나무

어쩌면 그 녀일지도 모를 일
먼발치서 볼일이 아니다
더 가까이 더 자세히 볼 일이다

오만가지 생명이 살아있는
풍경만 뜯어먹고 살아도
배부르고 윤기 자르르
스스로 꽃을 피운 저 나무

어쩌다 만삭의 몸을 풀지 못하고
저 토록 푸르기까지 모진풍상을 겪었나
꼭꼭 숨겨두고 늘 그늘을 내어주려면

적당한 거리가 필요하다는 저 나무

마치 어머니 손등을 만지 듯
바위를 껴안아 툭툭 불거진
뿌리를 만지며 용서를 빈 다

어머니가 그리울 때면
만삭의 몸으로 견딘 세월
구들이 뜨뜻한 산방만 오면
어머니 집에 온 것 같아 자주 들린다

어머니의 땅

융단처럼 펼쳐진
드넓은 들녘이 내려다보이는 땅
어머니의 둥근 토담집이다

토담집 사신지 만 1년
어느 경우에도 내 편이었던 엄마

먼 길가시더니
거듭 불러도 대답이 없네요

천수를 누리시는 동안
단 5분도 앉아 계시지 않던 엄마
답답해서 어찌 누워셨나요

아들 아들 그리워 불러도 오지 않던
아들들 기다리다
창밖의 바람조차 입을 다문 초저녁

봉사

애착과 집착이 교차된
긴 시간의 만남
봉사를 해야 할 의미를 둔 이유하나

주저앉을 수밖에 없어
소소함마저 버려야 했던 삶
지금 거울 앞에 서 있는
내 어깨에 날개를 달아 준천사다

봉사해야 할 의미를 둔 이유 둘
녹슬어 부식 될 뻔한 나는
좁든 넓든 날개가 있음에
날아오를 용기가 생긴 거다

봉사해야 할 의미를 둔 이유 셋
한파가 몰려오기 전
나를 반기는 곳이면
어디라도 날아가
가을볕을 나눠주는 거다

나눌 수 있는 마음의 여유
맘껏 나누고 싶어 택한 봉사
볼 수 있어 감사를
할 수 있어 뿌듯함은
받들고 섬김이 행복인 거다

곶감

한 때 시퍼런 성깔 부려도
끄덕 않는 떨떠름한 뱃장
거만을 떨고 있네.

발그레한 얼굴 바라만 보아도
후끈 달아오른 참 고 왔던 그 가을
선홍빛 속살 여미며 산다더니

분가루만 펄펄 날리는 푸석한 만상
귀한 대접 받던 기억 떠올리며
피골이 되어도 억척을 떨고 있네.

냉전한번 시도한 후회
잔뜩 벼른 떨 분 맘 풀지 못해
일생 두고 써 내린 사과문
눈치 다줘도 배꼽은 꼭 쥐고 있네.

어디서 태어났는지 뉘 집 자손인지
실한 배꼽자리 보면 알만한 족보
기일 날 삼사실과 보면 안 다네

□ 해설

꽃불처럼 타는 길 찾기의 시학

– 백명자 시인의 시집 『꽃불』에 부쳐 –

홍 문 표

(시인 · 평론가 · 전 오산대학 총장)

백명자 시인의 세 번째 시집『꽃불』의 출판을 진심으로 축하한다. 시인은 이번 시집 서문에서 '이순에 이모작'이라는 말을 하였다. 젊어서야 이모작이라는 말이 그래도 가능한 것이지만 '이순에 이모작'이라는 말은 그가 노년의 삶을 얼마나 치열하게 살고 있나 단적으로 말해주는 대단히 충격적인 말이다. 사람들은 일모작도 감당하지 못하는 경우가 많다. 더구나 노년에는 유유자적하는 것이 보통의 사람이라고 생각이기도하다. 그런데 백시인은 이순에 이모작이라고 했다.

그렇다면 그의 이모작은 구체적으로 또 무엇일까. 시집을 읽다보면「가을 책가방」이란 작품에 "배움은 끝이 없기에/ 죽기 전에 책가방을 메겠다는 결심/ 어둔 세상에서 눈을 뜨는 만학도들"이란 구절이 있다.「아직도 수업 중」이라는 작품에서는 "고희 문턱 넘어 푸는 자율학습시간이다"라는 구절도 있다.「명자 꽃」에는 "수 십 년 열독으로 불태웠던 늦깎이 입학생"이라는 구절도 있다. 이를 보면 인생의 가을인 이순과

고희에 대학원에 다니는 정말 만학도의 고백임을 엿볼 수 있다. 그야 노년에도 여유가 있다면 취미로 만학을 할 수 있다. 그런데 백 시인의 만학은 그렇게 한가로운 노년의 여가 선용이 아니다.

백시인은 지방 소도시에서 바쁘게 텃밭을 가꾸며 사는 보통의 주부다. 그러면서도 직장까지 다니고 거기다가 대학원까지 도전하고 있으니 요즘말로 하면 워킹 맘, 슈퍼우먼이라고 해야 할 것이다. 이처럼 노년이라는 나이를 초월하여 억척 인생에 도전하는 그의 열정과 의지와 저력은 도대체 어디에서 비롯되는 것일까.

그것은 바로 한번 뿐인 우리의 인생을 어떻게 살 것인가 하는 인생관, 그 확고한 삶의 철학에서 비롯되는 것이라고 해야 할 것이다. 사람들이 살아가는 방법을 더러는 뜨겁게, 차갑게, 뜨뜻 미지근 하게로 구분하기도 하고, 과거에 얽매어 사는 과거 지향인, 현재에만 집착하는 현재 지향인, 무한한 미래에 계속 도전하는 미래 지향인으로 구분하기도 한다. 그렇다면 백시인은 그중에서 매사를 뜨겁게, 그리고 무한한 미래를 향하여 끝없이 도전하는 미래 지향인의 삶을 산다고 해야 할 것이다.

그렇다면 그의 이번 시집 『꽃불』도 바로 그처럼 뜨거운, 미래 지향적 삶이 형상화된 것으로 예견할 수 있다. 시도 시인의 삶과 꿈을 드러낸 것이기에 말이다. 그의 시집 제목이 되고 있는 시 작품 「꽃불」을 보자.

저 산을 보라
꽃불로 타 오르는 저 산을
그리움 껴안고 기다리다
온 산이 꽃불로 활활 타고 있다

꺾을 수 없는 꽃이라면
태워서라도 함께하고 싶은
너였기에 불을 질렀나

고백할 기회만 엿 보다
차곡차곡 쌓아놓은 그리움
저 물어 가는 이 계절

석별을 고하는 손에 손잡고
캉캉 춤을 추는 오색치마
차라리 불 질렀다야
나만의 사랑을 위하여

-「꽃불」 전문

「꽃불」은 붉게 타오르는 가을 산의 화려한 단풍모습을 투사하고 있는 아름답고 뜨거운 시어다. 한자어의 단풍(丹楓)은 원래 붉은 단풍나무라는 뜻이다. 단풍나무가 붉게 물든 가을 산을 상징했던 것이다. 그러나 백시인은 이런 소극적인 표현을 거부한다. 바로 꽃불이라고 했다. 꽃불이라면 꽃 같은 불일 수도 있지만 이 시어는 꽃과 불이 합하여 상승효과를 내는 절묘한 시어다. 사실 꽃, 그 자체만으로도 최고의 아름다움과 완전함과 절정을 나타내는 시어다. 거기에 불을 더하고 있다. 불이란 모든 것을 태우고 녹여 내는 강력한 힘이다. 또한 스스로를 태우고 소진하는 헌신이기도 하다.

따라서 그 보다 더 뜨겁고 열렬할 수가 없다. 이러한 내포적 의미를 지닌 이미지들을 결합하여 가을 산을 그리고 있다. 가을 산이라면 계절적으로는 가을이다. 그래서 상식적으로는 적막하고 쓸쓸하고 한물간 쇠락의 계절로 생각하는 것이 일반의 사고다. 그런데 백시인의 가을 산은 쓸쓸한 가을 산도,

쇠락의 가을 산이 아니라 눈부신 꽃불로 활활 타는 절정의 계절이고 열정으로 살아가는 노년의 시간이다.

「꽃불」의 내용을 보자. 1연에서 시인은 "저 산을 보라/ 꽃불로 타 오르는 저 산을", 여기서 '보라'는 시적 화자의 대담함과 당당함의 강한 어조가 독자를 압도한다. 꽃불로 타는 가을 산의 절정을 보라는 것이다. 그 강렬함은 2 연에서 "꺾을 수 없는 꽃이라면/ 태워서라도 함께 하고 싶은/ 너였기에 꽃불로 질렀다"이다. 가을 산이 꽃을 얼마나 사랑했던지 끝까지 동행할 수 없다면 차라리 태워서라도 함께 가겠다는 정말 무서운 결심이고 놀라운 애정이다. 3연에서는 그동안 제대로 고백도 못하고 날은 저물어 가는데 그래서 4연 서두에서는 이별의 오색치마 캉캉 춤을 추는 것이 세상의 인심인데, 이 시의 화자는, 아니 이 시의 가을 산은 그런 감상적인 이별을 거부하고 아예 꽃불을 질러서 너와 나의 사랑을 완성하겠다는 것이다. 정말 무서우리만큼 강렬하면서도 놀라운 상상이다.

그런데 백시인의 이 꽃불 같은 사랑의 노래는 결코 이 작품만으로 끝나는 것이 아니라 시집 전편에 흐르는 정서이고 그의 내면에 흐르는 열정이다.

열렬한 기도 백여 일 하더니
그 정성 어쩌지 못해
몇 섬의 이슬 고여야만
앙증맞은 꽃망울 붉게 피울까

연민의 증오도 없이
농염한 꽃불이 무욕의 알몸으로
자잘한 웃음을 웃는 팔월염천

석 달 열흘 피고 지는 열정

천자(天子)가 붙여준 이름 때문에
함부로 다가갈 수도 없는 자미성

붉은 떼울음 울고 나면
골격만 남아서라도
사랑 하고 싶은 배롱나무여

-「배롱나무」 전문

그냥 비워두면
허황된 욕구가 번뜩이는 밤 나약한
증오와 욕망이 분출할 시간 한줌의 재로 남을
허무한 몸뚱이 홀로이 사르다 껍데기만 남은 가슴 하얀
메모지 가득 메워도 얼룩지지 않는 눈물 구겨지다 남은
미움 한 덩이 한 방울 한 방울 하얗게 타는 눈물
긴긴 겨울 제 몸 소진하는 냉기를 후광으로
데워도 데워지지 않는 가슴 한 번쯤
눈 돌릴 만도 한데 그냥
비워둔 채 여명은
눈 뜨네

-「촛불」 전문

쪽빛 정갈함을
송두리째 흔들어 보지 않고서야
깊이를 알 수 없어

가슴 언저리마다 품었던 응어리
씻으려 곤두박질 쳐 보지 않고서야
그 깊이 알 수 없어

목숨까지 다 내 놓을 만큼
솟구치는 열정
가차 없이 내 던지고서야

비로소
하얗게 부서지는 내 영혼
내려놓만한 가을 강을 만났다

-「폭포의 고백」 전문

가을 산이 온 산을 태워서라도 끝가지 꽃과 동행하겠다는 사랑의 집념은 작품「배롱나무」에서도 잘 드러나고 있다. 일명 백일홍이라고 알려진 배롱나무는 백일기도 정성으로 꽃을 피운다. 그런데 그 꽃은 어떤 꽃인가. 2연에서 "연민의 증오도 없이/ 농염한 꽃불이 무욕의 알몸으로/ 자잘한 눈웃음을 웃는" 꽃이라 했다. 순진무구한 미소의 꽃이다. 이는 가을 산이 사랑했던 꽃이기도 하다. 그래서 3연에서는 너무나 순결하면서도 뜨거운 열정이기에 감히 범접할 수 없는 숙연함이 있다. 그러기에 4연에 이르러 비록 "붉은 떼울음' 울고 났어도 그래서 골격만 남는 배롱 나무일 찌라도 사랑을 포기할 수 없다고 했다. 이는「꽃불」에서 태워서라도 함께 가고 싶다는 고백과 상통하는 화자의 열정이 된다.

이러한 열정은「촛불」에서도 볼 수 있다. "한 줌의 재로 남을 허무한 몸뚱이 홀로이 사르다" 온몸을 다 바쳐 혼신의 노력을 다하는 삶, 바로 불교에서 말하는 소신공양(燒身供養)의 자세다. 아니 한 방울 한 방울, 하얗게 타는 눈물이다. 제 몸을 소진하는 독한 자기 정화의 신앙이다. 이처럼 생명의 마지막 남은 눈물 한 방울마저 소진하는 간절하고 처절한 헌신의 자세는 작품「폭포의 고백」에서 더욱 분명해 진다.

삶은 무엇이고, 진실은 무엇인가. 진리는 또 무엇인가. 공자는 아침에 도를 들으면 저녁에 죽어도 좋다고 했는데 도대체 그 득도(得道)의 경지, 그 거듭남의 진리는 어떻게 해후할 수 있는가. 그것은 네 목숨을 내 던지는 폭포의 결단이 아니고 불가능하다는 것이 시적 화자의 증언이다. 1연에서 화자는 "쪽빛 정갈함을/ 송두리째 흔들어 보지 않고서야" 그 깊은 물속을 헤아릴 수 없다고 했다. 사람들은 손쉽게 진실을 얻고자 한다. 그러나 진실은 송두리째 흔드는 강력한 탐색이 필요하다. 가슴에 품은 응어리도 곤두박질치는 모험이 아니고는 해결 될 수 없다. 그리하여 목숨까지 다 내놓을 만큼 솟구치며 속된 연민을 가차 없이 내 던지고서야 진실의 깊이, 그 참 모습을 만날 수 있다고 하였다.

그렇다면 이처럼 인생의 끝자락까지 뜨겁게 그리고 강렬하게 삶을 꽃불로 태우려는 시인의 진심은 어디에 있는 것일까. 그것은 바로 자기 정체성을 찾아 가려는 구도자의 뜨거운 길찾기에 있다.

다음 인용 시 들을 보자.

혼자면서 둘인 척

머리 결결
앞 뒷모습 마주치면 쑥스러운 듯
너털웃음 한바탕

기쁠 때
울고 있는 네 비밀 알 수 없어

내 맘과
다르다고 슬플 때 웃고 있네
난 너를 모르는데 너는 나를 안다고

변명만

늘어놓다 주름만 세고 있는
거울 속 내 반쪽

-「거울 앞에서」 전문

완주는 혼자 달리는 묘미다
턱까지 차오른 질주
한계점에 다다랐을 때
마음을 비워낸다

모서리 없이 저리 둥글어서
쉼 없이 돌고 도는 지구에게
바람에게 새들에게 물어
이정표가 있어도 갈 수 없는 길

여름 내내 푸른 산이던 청춘
설한에 알몸으로 견디다
노안으로 늙고 싶지 않아도
허리 등 굽어 누운 산이 보이네

고독이 벗이 되는 길
첫 고개 넘을 때 흠뻑 적신 등줄기
둘째고개 넘다가 오던 길 돌아보니
함께한 트레킹들의 헉헉 소리
고희를 넘은 노장 나는 아직도 청춘이다

-「대청 댐 마라톤대회」 전문

맑게 갠 하늘이 던진 화두를 따라 가 보았다
백 번째 이력이 터진 백석사
문객도 길을 물어 온다

때로는

깊이를 알 수 없는 진리
조름에서 못다 헤인 푸른 별 하나

백석사를 짓기 위해
건축 자제를 모으고 터 닦기까지
그 많은 역경을 견딘 세월이 칠십 년

석탑을 마주하자
먼 산자락 걸린 구름도
묵묵히 탑돌이를 한다

하루라도 죽비를 안 맞으면
머리에 가시가 돋쳐 근질거리는지
오늘도 백석사를 단숨에 오른다

죽비로 맞으며 道를 깨우칠 일
맞을 때마다 서러워도 참아야 했다.

그런 날
간절히 바라던 그 모든 것
한 장 한 장 새겨 올린 기왓장
백석사 용마루 비늘로 반짝인다

–「백석사로 가는 길을 묻다」 전문

시인은 「거울 앞에서」 '혼자면서 둘인 척'이란 화두를 던진다. 현실적인 자아와 본질적인 자아의 괴리감을 고백하는 것이다. 사실 인간들의 삶은 늘 이중적인 가면 놀이를 한다. 세속이란 바로 그것을 당연시하는데 있다. 그러나 의식 있는 시인은 그러한 위선을 벗어나 진정한 자아, 상실된 자아를 회복하고자 하는 것이며, 그리하여 독자적인 자아의 정체성을 찾아 삶의 진정한 의미를 실현하고자 하는데 있다. 이 작품에서 시적 화자는 거울 속의 나와 마주보면 쑥스럽다고 했다. 거울 속의 자신을 보면서 그 진심이 무엇인지 알 수 없다고 했다. 서로가 그 정체를 모른다는 것은 본질적인 자아가 부재하거나 변질되었거나 현실에 매몰되어 있다는 말이기도 하다.

그렇다면 자신의 바른 정체성을 찾아야 한다. 적당히 찾는 것이 아니라 작품「대청 댐 마라톤대회」가 보여주듯이 자신의 존재이유와 존재가치를 찾기 위해 걷어 부치고 목표를 향해 마라톤처럼 힘차게 뛰어 가야 하는 것이다. 가다가 중지하거나 쉬어가는 것이 아니라 끝까지 완주하는 것이다. "완주는 혼자 달리는 묘미다/ 턱까지 타오른 질주/ 한계점에 다달았을 때/ 마음을 비워낸다"

참된 자기를 찾아가는 화자의 결심은 끝까지 완주하는데 있다. 여기서 다시 노년의 이모작이나 만학의 열정을 보여 주는 백 시인의 삶이 오버랩 된다. 그는 지구에게 바람에게 새들에게 이정표가 있어도 갈 수 없는 길을 향해, 달리고 또 달린다. 여름을 달리고 겨울을 달리고 고독과 함께 홀로 달린다. 그러면서 마지막엔 "고희를 넘은 나는 아직도 청춘이다"라고 일갈한다. 폭포를 역류하는 연어처럼 자기존재를 극대화하기 위해 꽃불을 지르기 위해 노년의 삶을 이렇게 역주한다.

이처럼 백시인의 열정적인 삶은 결국 자아실현을 위한 끝없는 길 찾기다.「길을 찾는 기도」를 보면 먼저 "까마득 외진 길/ 무지의 껍질 벗기 위해"서라고 했다. 그리하여 하늘에는 별이 반짝이고 늘 오월같이 푸른 세상, 그처럼 밝고 빛나는 세상을 꿈꾸면서 계속 길속에서 길을 찾는다고 했다.

그리고는 마침내 백석사로 가는 길에서 본격적인 수행을 하고 도(道)를 만나게 된다.「백석사로 가는 길을 묻다」의 첫 행은 "백석 시인에게 길을 물었다"로 시작한다. 그렇다면 이 작품의 백석사는 실재한 사찰일 수도 있고, 백석이 이룩한 시 세계일 수도 있고 구도자의 삶의 목표일 수도 있다. 시인도 결국은 시적 진실을 찾아 이를 현시하고자 하는 구도자의 길이기 때문이다. 그래서 화자는 "깊이를 알 수 없는 진리/ 조름에서 못다 헤인 푸른 별 하나"를 향해 긴긴 고행을 감수하는 순례자의 길을 간다. 그것은 백석사를 짓기 위해 칠십년의 역경을 견뎌야 하는 길이다. 죽비를 맞으며 서러워도 참아야 하는 길이다. 이러한 길 찾기의 끝없는 고행을 거쳐야 마침내 "그런 날/ 간절히 바라던 그 모든 한 장 한 장 새겨 올린 기왓장/ 백석사 용마루 비늘로 번뜩인다" 라는 구절처럼 번뜩이는 득도의 용마루 비늘을 보게 된다.

그런데 백시인의 꽃불 같은 열정과 사랑은 시집 3부 「바디 소리」에서 또 다른 면모를 보여준다. 그것은 지상의 혈연, 그 중에서도 105세의 어머니를 마지막까지 모신 한 여인의 지극한 정성과 사모의 정이다.

하늘은 잿빛입니다
저항한번 못하고 견딘 흔적
명주버선 신겨 드리다
달각달각 소리에 깜짝 놀랐습니다

나무초리에 걸려 수십 번 펄럭여도
찢기지 않는 명주 올
형제지간 터진 실밥 꿰매주느라
발바닥 부럼 나는 줄 모르고
바디질을 하셨습니다

팔도의 소식 기다린 어느 날
105년 묵은

나무초리의 신음소리
오래 살았다 돌아가야 한다고

뇌리에서 가슴에서 떠나지 않는
아프다는 말 한마디
발바닥이 욱신거려도 지긋이
눌러 참아온 당신
그저 당신은
그런 사람인 줄만 알았습니다

체념한 듯 세상 짐 내려놓은 날
옹이진 손 닦아
명주장갑 끼어 드리다가
달각 달가닥 우는 바디소리가 들렸지요

옹이 지도록 못이 박히도록
저항 한 번 못하고 견딘
세월의 흔적 빼드리지 못한 후회
내 가슴에 못이 박혀 아려 옵니다

-「바디소리」 전문

시적 화자는 평생 자녀들을 위해서 보드랍고 포근한 명주의 올과 날을 헤면서 정말 저항 한번 하지 못하고 정성스레 바디질만 하다 가시는 어머니의 마지막 모습을 보면서 바디소리에 숨겨있는 어머니의 자애와 헌신과 한의 지극함을 애절하게 듣는다. 이런 어머니에 대한 지극한 사랑과 연민의 정은 작품「어머니의 땅」,「새벽2시의 특강」등에서도 잘 드러나고 있다.

이처럼 백명자 시인의 이번 시집『꽃불』은 결코 가을 산은 퇴락이 아니라 오히려 황홀한 꽃불로 절정을 이룬다는 역설의 시학이다. 꺾을 수 없는 꽃이라면 태워서라도 함께 가겠다는 뜨거운 사랑의 시학이다. 그것은 마지막까지 완주하는 마라톤처럼, 온몸을 내던지는 폭포처럼, 밤새 제 몸을 태우는 촛불처럼, 뜨거운 열정으로 온몸을 사르면서 빛나는 존재실현의 길 찾기를 감행하는 구도자의 뜨거운 시학이다.

백명자 시집
꽃 불

2018년 1월 21일 인쇄
2018년 1월 21일 발행

지은이 백 명 자
펴낸이 신 용 호
펴낸곳 창조문학사

03659 서울 서대문구 가좌로 86 동천아카데미 5층
등록번호 제1-263호
전화 02-374-9011, Fax 02-374-5217
공급처 한국출판협동조합 전화 02-716-5616~9

저자와 협의에 의해 인지를 생략합니다.
파본은 바꾸어 드립니다.
값 10,000원
ISBN 978-89-7734-485-3